우주로 날아라, 누리호!

▪ 책머리에

　예로부터 우리 조상들은 하늘과 별에 관심이 많았습니다. 신라 시대에는 동양에서 가장 오래된 천문기상관측대인 첨성대를 만들어 별을 관측했고, 조선 시대에는 고구려의 천문도를 바탕으로 천상열차분야지도라는 하늘 지도를 만들었어요. 또한 천체의 운행과 위치를 측정하던 혼천의는 조선 시대 천문학과 과학 기술이 높은 수준임을 보여줍니다.

　우주에 대한 관심과 열의는 지금도 계속되고 있습니다. 우리나라의 우주개발은 1992년에 소형 과학실험용 인공위성 '우리별 1호'를 아리안 V52 발사체에 실어 우주로 보내면서 본격적으로 시작되었어요. 2013년 1월에는 나로과학위성을 탑재한 나로호 발사(3차 발사)에 성공했고, 이후 정밀 지도 제작, 지리 정보 시스템(GIS), 국토 관리, 기상 예측, 환경 오염, 산불 감시, 조난 구조 등에 사용되는 지구관측위성인 아리랑 위성을 개발하면서 우주 선진국들과 어깨를 나란히 하게 되었어요.

 2021년 10월에는 독자적인 우리 기술로 만들어낸 한국형 발사체 누리호를 쏘아 올렸어요. 아쉽게도 궤도 진입까지 성공하지는 못했지만 우리의 도전은 멈추지 않고 이어져, 마침내 2022년 6월 21일 한국형 우주발사체 누리호 발사를 완벽하게 성공하면서 세계 일곱 번째 우주선진국이 되었어요.

 이 책은 2222년 목성과 토성 사이에 건설된 대한민국 우주기지 라온제나에 사는 코누 박사와 호기심 많은 생쥐 초코가 2022년 지구로 시간 여행을 떠나는 우주 탐험 이야기입니다. 우리의 기술로 만든 한국형 발사체 누리호를 쏘아 올리는 감동적인 순간을 함께 하기 위해 타임머신 T-23을 타고 지구에 온 것이지요. 순수 우리 기술로 만든 한국형 발사체 누리호와 관련된 유익한 정보도 알아보고, 초코와 함께 신나는 우주여행도 즐기며 우주개발에 대한 꿈과 희망을 키워보세요.

2022년 여름에
김현서, 함기석

• 책머리에

차례

• 머나먼 우주기지 라온제나　　6

• 우주역사관　　8

• 코누 박사는 연구실에서 뭘 할까?　　12

• 시간여행관　　18

• 최신형 순간이동 타임머신 T-23　　20

• 나로우주센터　　26

• 바쁘다 바빠! 나로우주센터 연구원들　　30

- 와! 누리호는 보면 볼수록 정교해　　36
- 우주인, 아무나 할 수 없어　　40
- 두근두근 조마조마 누리호 발사　　46
- 넌 지구에 오줌 싸러 왔냐?　　54
- 나는야 생쥐 조종사　　56
- 2222년으로 돌아가는 길　　60
- 자세히 알아보기 – 한눈에 보는 누리호(KSLV-II)　　69
- 문해력 넓히기 – 나는 똑똑한 퀴즈 박사　　91

머나먼 우주기지 라온제나

2222년 우주의 날 아침!

이곳은 목성과 토성 사이에 건설된

대한민국 우주기지 라온제나.

목성을 지나친 별똥별들이 긴 꼬리를 끌며

우주 공간을 날아가고 있어요.

태양 빛을 받은 토성의 둥근 고리는 색색으로 반짝거려요.

라온제나의 중앙 광장에는 우주 함선과 우주 비행선들이

토성 탐사에 나서기 위해 줄지어 기다리고 있어요.

우주기지는 길고 둥근 터널로 거미줄처럼 서로 연결되어 있어요.

터널 이음새에 설치해놓은 거대한 태양전지 큐브들은

태양을 따라 움직이면서 에너지를 모아두어요.

우주역사관

그동안 대한민국은 천체과학 기술이 빠른 속도로 발전하면서 우주개발 분야에서 세계 최강국이 되었어요. 2022년에는 한국형 우주발사체 누리호를 성공적으로 발사했고, 달 탐사선 다누리를 우주로 보내서 본격적인 우주 시대를 열었지요. 2033년에는 달 착륙에 성공해서 세계를 깜짝 놀라게 했답니다.

다누리(KPLO)

무게 678킬로그램, 길이 약 6미터(태양전지판을 폈을 때)인 우리나라 최초의 달 탐사선이에요. 2022년 8월에 발사되어 4개월 정도 비행한 후 12월에 달에 도착해요. 그때부터 하루에 12번씩 달의 궤도를 돌며 달 자기장 탐사, 방사선 관측, 우주 인터넷 기술 검증 등 과학기술 임무를 수행해요.

2070년에는 한국형 우주왕복선을 만들어
우주여행이 본격적으로 시작되었어요.
우주과학에 쏟아부은 관심과 노력은 멈추지 않고 숨 가쁘게 달려
2200년엔 우주 기차를 타고 화성, 목성 등 태양계 행성을 도는
우주 패키지 여행이 가능해졌답니다.
그리고 지금은 작은 캡슐에 들어가 순간이동을 하면서
우주 곳곳을 돌아다닐 수 있게 되었어요.
영화에서 나오던 상상이 현실이 된 것이지요.

코누 박사는 라온제나 별관에 있는 우주역사관 창가에 서서 곰곰 생각에 잠겨 있어요.

코누 박사가 지구를 떠나온 지도 어느덧 30년이나 지났어요.

코누 박사는 시간과 장소에 방해받지 않는
초소형 순간이동 타임머신을 만드는 일을 해요.
취미로 지구에서 사라진 식물들을
우주기지에서 복원해서 키우기도 하고요.

'지금쯤 우리나라는 여름이겠지.'
기후변화로 우리나라도 사계절이 사라진 지 80년이 넘었어요.
봄과 가을이 사라지고 아주 더운 여름과 아주 추운 겨울, 두 계절만 있어요.

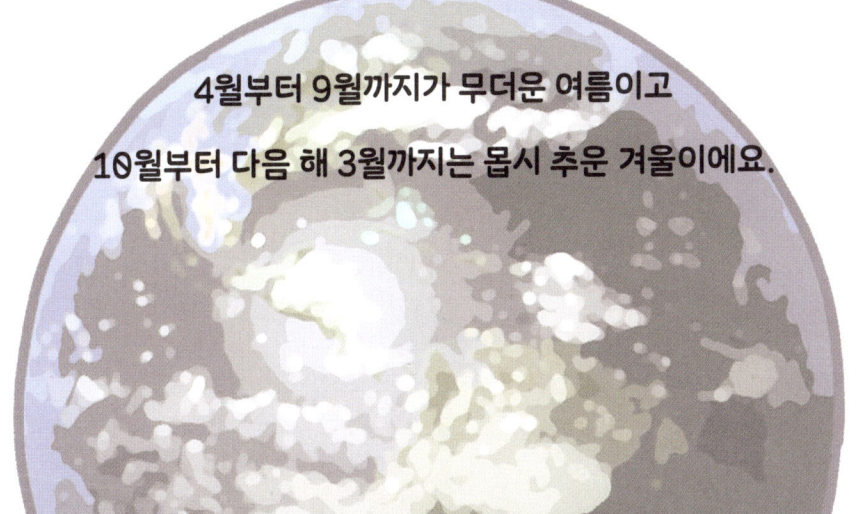

4월부터 9월까지가 무더운 여름이고
10월부터 다음 해 3월까지는 몹시 추운 겨울이에요.

코누 박사는 연구실에서 뭘 할까?

연구실 한쪽에는 지구에서 멸종되었다가
최근에 원래대로 살려낸 식물들이 꽃을 피우고 있어요.
바위채송화, 동강할미꽃, 질경이, 개불알꽃, 며느리발톱 같은
토종 식물들이 우주기지에 잘 적응해서 예쁘게 자라고 있어요.

할미꽃 옆에서 오동통한 생쥐가 바스락거려요.
생쥐 이름은 초코예요.

코누 박사가 다가가 초코의 보드라운 털을 쓰다듬어 주었어요.

"초코야, 오늘은 시간여행 하는 날이야."

시간여행을 무척 좋아하는 호기심 많은 초코가

오물거리던 입을 멈추고 박사님 얼굴을 빤히 쳐다봤어요.

"아 맞다. 박사님, 오늘은 몇 연도로 가실 거예요?"

"2022년 지구!"

"왜요?"

"올해 2222년은 200주년 기념이 되는 해란다."

"무슨 기념이요?"

"우리나라가 누리호를 성공적으로 쏘아 올린 기념.

우주개발에 대한 관심을 끌고 우리나라를 세계 속에 우뚝 서게 했던

2022년에 가서 역사적인 장면을 함께 보자꾸나."

"오, 좋아요. 박사님! 거긴 고소한 해바라기 씨앗이 더 많겠죠?"

"먹을 궁리가 먼저냐? 이 녀석아!"

"아니에요. 가는 김에 먹어보고 싶다는 거죠. 200년 전의 우주발사체가 어떻게 생겼는지 보고 싶어요."

"이번 시간여행은 새로운 기능이 추가된 최신형 순간이동 타임머신 T-23을 타고 갈 거야. 떠나기 전에 200년 전의 우리나라에 대해 미리 알아두는 게 어떻겠니?"

"네. 박사님! 해바라기 씨앗도 잔뜩 먹었으니까 찾아볼게요."

초코는 곧바로 지구에 대해 온갖 정보들을 검색하기 시작했어요.

잠시 후 초코가 물었어요.

"박사님, 지구 옆에 달이 있잖아요.
옛날에는 달에 토끼가 살았다는데 정말이에요?"

"하하. 그건 지구에 사는 사람들이 지어낸 이야기란다.
사람들의 엉뚱하고 재밌는 상상이 하늘과 우주를 신비롭게 만들었지.
저기 유리 돔 바깥, 드넓은 우주 공간을 봐라.
아직도 가보지 않은 별들이 너무나 많잖니?"

"200년 전의 옛날 사람들도 지금의 우리처럼 가보지 못한 행성을 꿈꾸며 상상했을 거다. 그래서 우주기지 라온제나도 만들 수 있었던 거고."

"초코야, 그만 찾아보고 이제 타임머신 타러 가자. 자, 이리 오너라."

코누 박사가 손을 내밀었어요.

초코는 박사님 팔을 타고 쪼르르 어깨로 올라갔어요.

시간여행관

코누 박사와 초코는 우주역사관 옆에 있는 시간여행관으로 갔어요.

이곳은 홀로그램을 통해 시간여행을 체험하는 곳이에요.

시간여행을 할 때와 똑같기 때문에

실제로 겪는 것처럼 모든 걸 생생하게 느낄 수 있어요.

높은 곳에서 떨어지면 다치기도 하고

사과를 한입 베어 먹으면 달콤한 맛을 느낄 수 있어요.

홀로그램(hologram)

홀로그램은 '완전한 사진'이라는 뜻으로 여러 각도에서 물체의 모습을 볼 수 있는 입체적인 사진이에요. 2차원으로 기록하는 사진이나 동영상과는 달리 홀로그램은 사람의 눈으로부터 물체까지의 거리 정보가 더해져 3차원으로 표현할 수 있어요. 마치 사물이 내 앞에 있는 것 같은 착각이 들게 해요. 홀로그램의 원리는 1948년 영국의 물리학자인 데니스 가보르가 처음 발견했어요. 그 공로로 1971년에 노벨물리학상을 받았답니다.

홀로그램에 저장된 정보는 오염되거나 잘 파손되지 않아요. 가장 쉽게 볼 수 있는 것은 신용카드에 붙어 있는 위조 방지용 홀로그램이에요. 그밖에 건축이나 자동차 설계, 영화를 만드는 데도 활용이 돼요.

시간여행관 지붕 위로 푸른 불빛이 비치는 우주 엘리베이터들이 빠르게 오르락내리락하고 있어요.

"위험하니까 절대 까불면 안 된단다."

"걱정하지 마세요. 저보다 얌전한 생쥐 있으면 나와 보라고 하세요."

최신형 순간이동 타임머신 T-23

시간여행관 안쪽으로 커다란 볼링공 모양의 물체가 보여요.

박사님이 몇 년 동안 잠도 제대로 못 자면서 만든 최첨단 인공지능이 내장된

순간이동 타임머신 T-23이에요.

T-23은

타고 있는 사람이 생각하는 대로 움직이는 23세기형 타임머신이에요.

지름이 2.2미터로 다른 타임머신에 비해 아주 작아서 둘만 탈 수 있어요.

"박사님, 제가 먼저 탈래요!"

초코의 목소리가 조금 들떠 있어요.

"타기 전에 우주복부터 입어야지."

초코와 코누 박사는 탈의실로 가서 은빛 얇은 우주복으로 갈아입었어요.

"옛날에는 우주비행사들이 엄청나게 크고 무거운 우주복을 입었다면서요?"

"200년 전의 우주복은 무게만 약 127킬로그램이었단다."

"우와! 그렇게 무거운 옷을 입고 어떻게 움직였을까요?"

"우주는 무중력 공간이잖니."

"아 참 그렇지. 저도 알아요. 그냥 해본 얘기라고요. 박사님, 빨리 가요."

"초코야, 제발 서두르지 말고 찬찬히 좀 해라. 덤벙대지 말고."

초코가 코를 찡긋했어요.

그건 '잘 알아들었다'는 초코만의 장난스러운 몸짓이에요.

2222년에 태어났으면 나처럼 엄청 가벼운 우주복을 입었을 텐데!

"초코야, 타임머신 안에서는 아무거나 막 만지면 안 돼!
이동 중에 고장이 나면 엉뚱한 시간, 엉뚱한 곳으로 갈 수 있으니까.
그럼 돌아오지 못할 수도 있어."

'치, 박사님은 겁주기 대장이야.
그래도 2022년에 꼭 가보고 싶으니까 내가 참아야지. 참자!'

"초코 알아들었니?"
"알았다고요!"

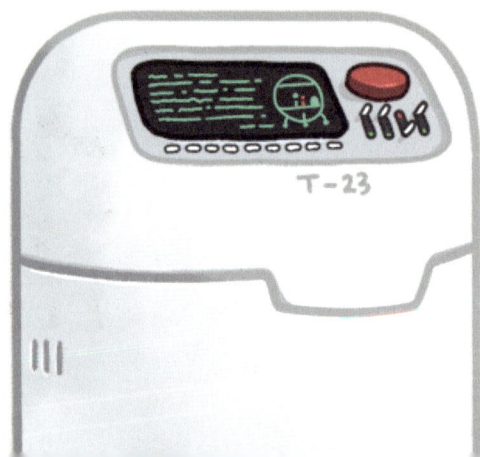

코누 박사와 초코는 타임머신 안으로 들어가 나란히 앉았어요.
코누 박사가 좌석에 달린 버튼을 누르자
오토바이 헬멧처럼 생긴 투명 유리가 머리에 씌워지더니
가느다란 호스들이 머리를 감쌌어요.
코누 박사와 초코의 뇌와 연결된 센서들이
번쩍거리며 움직이기 시작했어요.
코누 박사는 눈을 감고 마음을 차분하게 가라앉힌 후
이동할 날짜와 시간, 장소를 생각했어요.

2022년 지구,
대한민국 전라남도 고흥군 외나로도 나로우주센터

박사의 생각을 읽어낸 타임머신이 회전하기 시작했어요.
점점 빠른 속도로 돌면서 공중으로 붕 떠올랐어요.
시간여행관의 돔 지붕이 눈꺼풀처럼 열렸어요.
타임머신 T-23은 점점 높이 올라가 우주로 빠르게 날아갔어요.
수많은 별이 떠다니는 아름다운 우주가 나타났어요.
초코의 눈이 휘둥그레졌어요.

"와 박사님, 저기 봐요."

듬성듬성 별 무리가 반짝거렸어요.

우주는 언제 봐도 신비한 기분이 들어요.

나로우주센터

눈 깜짝할 사이에 타임머신은 2022년의 지구 상공에 도착했어요.
대기권을 지나 아래로 내려가자 섬들이
올망졸망 흩어져 있는 해상공원이 보여요.
아직 이른 아침이어서 섬들은 새근새근 잠들어 있어요.
바닷가에서 살랑대던 바람이 코누 박사와 초코를 기분 좋게 반겨주었어요.
파도는 바위에 부서져 날치처럼 날다 바닷속으로 들어갔고,
새들은 병아리꽃나무와 장난치며 까불까불 놀고 있어요.
"초코야 저기 봐라."
코누 박사가 가리키는 곳에 나로우주센터가 보여요.

"박사님, 발사기지는 찾아가기 힘들게 왜 섬에 떨어져 있어요?"

"그건 발사체를 발사할 때 소음이 엄청나게 크고 폭발 위험이 있기 때문이야. 그래서 발사기지는 산이 없는 평지나 사막지대, 마을과 떨어져 있는 섬이나 해안가에 건설하는 거란다."

"바다 한가운데 있으니까 라온제나보다 더 아름다워요. 저렇게 넓은 바다는 처음 봐요. 바닷물이 저렇게 파랗고 맑았다니…."

"눈부시게 아름답구나! 나로우주센터는 우리나라 과학자들의 뛰어난 두뇌와 기술력으로 만든 우리나라 최초의 위성 발사장이야. 다른 나라 사람들은 우리가 이렇게 빨리 성공할 거라고는 예상을 못 했단다."

"우리나라 과학자들 정말 똑똑한 것 같아요. 제가 똑똑한 이유를 이제야 알겠어요."

"물론이지. 너도 아주 똑똑하지."

초코는 웃으며 바다 저편 수평선 위에 떠오른 태양을 쳐다보았어요.

타임머신 T-23이 땅으로 천천히 내려갔어요.

잔디가 넓게 깔린 한국항공우주연구원 나로우주센터의

야외전시장에 사뿐히 내려앉았어요.

코누 박사가 타임머신 천장의 센서를 누르자

투명한 빛 그물이 내려와 온몸을 감쌌어요.

투명한 빛 그물은 코누 박사와

초코의 몸에 달라붙어 보이지 않게 만들었어요.

타임머신 문을 열고 나가자 시원한 공기가 온몸을 감쌌어요.

초코는 호기심 왕답게 호들갑을 떨었어요.

"박사님, 저기 보세요!"

한국항공우주연구원
항공우주과학기술과 관련된 일을 하는 연구기관이에요. 항공기, 인공위성, 우주발사체의 시스템을 연구하고 핵심기술도 개발해요.
누리호의 심장에 해당하는 액체 엔진의 설계와 제작을 이곳에서 했어요.

평평한 발사대에 발사 직전의 누리호가 하늘을 향해 수직으로 솟아 있었어요.

늠름하게 서 있는 누리호를 보며 코누 박사는 시계를 보았어요.

"음, 얼마 안 남았군. 초코야, 2시간 후면 누리호가 발사될 거다."

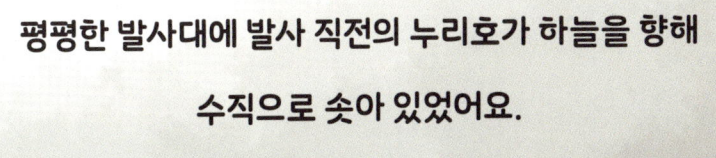

바쁘다 바빠! 나로우주센터 연구원들

코누 박사와 초코는 누리호 발사대 가까운 곳에 있는

발사체종합조립동으로 들어갔어요.

조립동 안은 어마어마하게 크고 넓었어요.

1단, 2단, 3단까지 조립 작업을 끝낸 누리호가

웅장한 모습을 뽐내며 누워있었어요.

이동식 철제 계단에서 내려온 연구원들이 누리호를 바라보며

무언가 이야기를 나누고 있어요.

"박사님! 저분들 뭐하는 거예요?"

"한 일을 또 하고 또 한다고요. 할 일이 없나 봐요?"

"발사체를 우주로 발사할 때는 아주 작은 실수 하나가 몇 년 동안의 노력을 물거품으로 만들 수 있거든. 그래서 날마다 반복해서 확인하고 또 확인하는 거란다."

"아휴, 생각만 해도 머리가 지끈거려요. 다른 곳으로 가요."

초코가 코를 찡긋거렸어요.

"이젠 누리호 내부를 살펴보자꾸나."

초코는 코누 박사를 따라 우주발사체 전시실로 들어갔어요.

나로우주센터 우주과학관

와! 누리호는 보면 볼수록 정교해

3단으로 분리된 누리호 모형이 보여요.

초코는 신기한 듯 분리된 누리호를 아래쪽부터 차례대로 살펴보았어요.

1단, 2단, 3단 세 부분을 꼼꼼하게 살펴보니 생각했던 것보다

훨씬 정교하고 부품들도 엄청나게 많았어요.

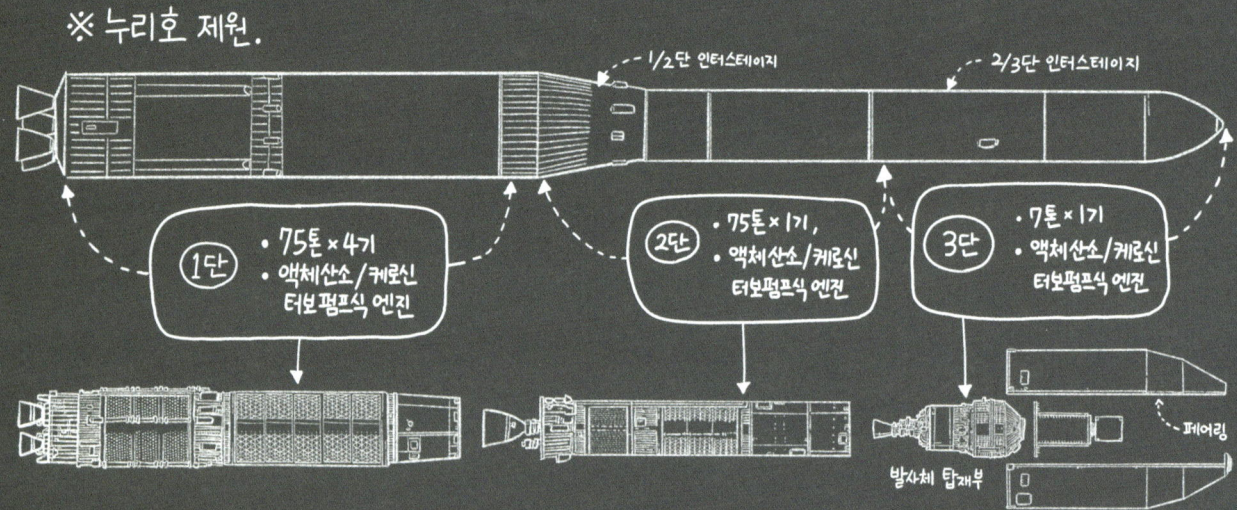

"박사님, 겉보기엔 간단해 보였는데 안을 보니까 굉장히 복잡해요."

"그렇지. 그래서 우주발사체의 발달 정도를 보면

그 나라의 우주과학 수준을 판단할 수 있는 거란다.

우주과학 기술은 수많은 과학기술이 종합된 분야라서

과학 중의 과학이라고 할 수 있지.

2022년에 누리호가 성공적으로 발사된 후 우리나라는

더 많은 시간과 비용을 투자해서 천체과학과 우주개발을 발전시켰지.

그런 노력이 없었다면

우리가 사는 2222년의 우주기지 라온제나도 건설할 수 없었을 거다."

우주인, 아무나 할 수 없어

누리호 발사를 기다리는 동안 초코는 2층 4D 상영관에서 우주의 탄생부터 공룡의 멸종, 인류의 달 착륙, 천년 후 미래까지 우주의 역사를 다룬 영상물 타임스페이스(Timespace)를 봤어요.

"박사님, 옛날에는 아무나 우주에 갈 수 없었어요?"

"그랬지. 특수한 과학 임무를 띠고 가기 때문에 그 일을 할 수 있는 능력을 갖춘 사람만 까다롭게 뽑았단다. 한국인 최초의 우주인 이소연 박사는 3만 6,206명의 경쟁을 뚫고 우주인으로 선정되었어."

"우주인으로 뽑히면 따로 훈련받아요?"

"당연하지. 청력도 이상 없어야 하고 키도 너무 크거나 작으면 안 되지.

키는 157센티미터에서 190센티미터가 적당해. 시력도 1.0 정도로 좋아야 하지.

기본적인 신체조건이 되면 2년간 엄청 힘든 훈련과 테스트를 통과해야 한단다.

우주로 가면 몸이 둥둥 뜨는 느낌에 우주멀미가 날 수 있거든.

우주가 무중력 공간이기 때문에 겪는 자연스러운 현상이란다.

그래서 우주로 가기 전에 회전의자에 앉아

어지러움을 견뎌내는 훈련을 받기도 해.

매일 달리기도 하고 수영도 하며 몸의 근력을 키우고,

정신력 훈련도 받는단다."

"으으윽, 우주인이 되는 건 하늘의 별 따기만큼 어려웠네요!"

"그렇단다. 너처럼 거저먹는 게 아니지."

초코는 코누 박사를 따라 우주인 훈련관으로 갔어요.

"초코야, 우리도 우주인처럼 러닝머신에서 한번 신나게 달려볼까?"

"잠깐만요. 박사님! 준비 좀 하고요."

"가볍게 뛰어보는 거니까 부담 갖지 마라. 자, 출발한다!"

코누 박사는 제자리에서 몇 번 폴짝폴짝 뛰더니 이내 속도를 높여 달리기 시작했어요.

'치, 무슨 박사님이 달리기도 박사야.'

"초코야, 빨리 달리렴."

"으윽 박사님. 발에 쥐가 났어요."

초코는 1분도 안 되어 바닥에 누워버렸어요.

"생쥐 발에 쥐가 나다니, 초코 너 꾀부리는 거지?"

"헤헤, 박사님 그만 해요. 힘들어요."

코누 박사가 지친 척하는 초코의 오동통한 볼을 간질였어요.

"크크 크큭 크크크."

"이번엔 회전의자 훈련을 해볼까?
아주 재미있어. 나는 여기에 앉을 테니 너는 저쪽에 앉거라."
뛰는 게 아니라 의자에 가만히 앉아 있기만 하는 거라
초코는 편할 거라고 생각했어요.
"1분에 60바퀴를 돌아야 하니까 벨트 잘 묶어.
가속도를 견뎌내는 훈련도 필요하단다.
빨라진 속도에 자기 몸무게의 10배나 되는 힘이 가해지니까
팔걸이를 꽉 잡거라."

"자, 시작한다."

회전의자가 천천히 돌기 시작했어요.

회전 속도가 점점 빨라졌어요.

"으윽 1분이 왜 이렇게 길어요? 어지러워 죽을 거 같아요."

의자가 멈추자 초코는 해롱해롱 비틀비틀 바닥에 풀썩 주저앉았어요.

"초코야, 아직 훈련이 많이 남았는데 벌써 엄살을 떨면 어쩌냐?"

"엄살 아니에요. 정말 죽을 거 같아요. 제발 그만 해요! 박사님!"

두근두근 조마조마 누리호 발사

발사 시간이 점점 다가오고 있어요.

잠시 후면 우리 손으로 만든 누리호가 발사돼요.

쿵쿵쿵 지켜보는 사람들의 심장 소리가 먼저 카운트다운을 시작해요.

한국항공우주연구원의 모든 연구원과 과학자가 발사 준비에 정신이 없어요.

드디어 카운트다운을 시작해요.

10… 9… 8… 7…

불꽃이 치솟아요. 불꽃이 발사대 밑바닥을 강하게 밀어내요.

불꽃과 함께 거대한 연기가 구름처럼 뿜어져 나와요.

6… 5… 4…

연구원들의 얼굴에 긴장감이 감돌아요.

모두 손에 땀을 쥐고 지켜보고 있어요.

주변의 나무와 새들도 숨을 죽이고 바라봐요.

3… 2… 1

발사!

누리호가 서서히 움직여요.

거센 불꽃을 내뿜으며 올라가기 시작해요.

우리나라의 위대한 우주 역사가 기록되는 잊지 못할 순간이에요.

사납게 울부짖는 호랑이처럼 누리호는 하늘로 떠올라요.

"박사님, 소리가 엄청 커요. 불꽃이 뜨거워서 온몸이 타는 것 같아요."

"난 감격스러워서 마음이 불타오르는 것 같구나."

섬 전체가 부르르 몸을 떠는 것 같아요.

푸른 하늘을 뚫고 무서운 불꽃을 내뿜으며 누리호는 점점 더 높이 올라가요.

우주에 닿을 때까지 구름을 뚫고 계속 위로 위로 올라가요.

"박사님, 저기 봐요. 뭐가 떨어져요."

"1단 로켓이야. 이음매가 폭발하고 엔진이 점화되면서 1단 로켓이 떨어지는 거란다."

정확히 발사 2분 3초 만에 고도 62킬로미터에서 1단이 초속 1.8킬로미터로 분리됐어요.

"지구의 중력을 이기고 우주로 날아가려면 발사체의 힘이 엄청나게 강해야 해. 그래서 연료가 어마어마하게 많이 사용된단다."

"그 많은 연료를 어디다 싣고 가요?"

"1단, 2단, 3단에 나눠서 싣는데, 발사할 때 가장 많은 연료를 쓰기 때문에 1단에 제일 많은 연료를 싣는단다."

"그럼 연료를 모두 사용한 1단은 어떻게 해요?"

"빨리 분리해 버려야지. 그래야 발사체의 무게를 줄이고 더 높이 날아갈 수 있으니까."

초코가 고개를 끄덕였어요.

그 사이 누리호는 더 높이 올라가 카르만 선을 통과했어요.

점보다 작아져 거의 보이지 않았어요.

발사 3분 47초 만에 고도 202킬로미터에서 페어링이 분리되었어요.

"초코야, 잠시 후면 연료를 다 쓴 2단도 떨어질 거다. 그러면 속도가 더 빨라질 거야."

박사의 말이 끝나기도 전에 발사 4분 29초 만에 고도 273킬로미터에서 2단도 분리되었어요.

곧바로 3단 로켓이 점화되며 우주 궤도에 진입하도록 밀어주었어요.

가벼워진 누리호는 더 빠르게 우주로 날아갔어요.

카르만 선
지구 해수면으로부터 100킬로미터 상공에 그어놓은 가상의 선을 말해요. 지구와 우주의 경계선으로 카르만 선 위부터 공식적으로 우주예요. 그러니까 우주여행을 했다고 인정받으려면 고도 100킬로미터 이상의 상공을 비행해야 해요.

누리호가 우주로 날아가는 동안

발사체를 추적하며 실시간 위치정보를 알려주는 추적레이더를 가동했어요.

제주도 추적소와 태평양에 있는 섬 팔라우 추적소에서는

첨단장비를 이용하여 영상 자료를 받아 분석하며

누리호가 잘 날아가고 있는지 확인했어요.

누리호가 발사 14분 35초에 성능검증위성을,

15분 45초에 위성모사체를 분리하여

궤도에 성공적으로 올려놓는 걸 확인했어요.

숨죽이고 지켜보던 사람들은 박수를 치며 환호했어요.
서로 끌어안고 기쁨을 나누었지요.
초코도 계속 고개를 뒤로 젖힌 채 누리호가 날아간 우주를 쳐다보았어요.
"박사님, 오늘은 정말 감동적인 날이에요."
"그래. 내가 대한민국 후손이라는 게 자랑스럽구나."
코누 박사도 초코도 2022년 누리호 발사 현장에서 느낀
벅찬 감동을 영원히 잊지 못할 거예요.

넌 지구에 오줌 싸러 왔냐?

"아, 누리호가 우주로 발사되는 거 또 보고 싶다!"

흥분이 가라앉지 않은 목소리로 초코가 말했어요.

"초코야, 이제 진정하고 라온제나로 돌아갈 준비를 해야지?"

"잠깐만요. 박사님, 안전한 비행을 위해 꼭 해야 할 중요한 게 남았어요."

"뭔데?"

"타임머신을 타기 전에 저도 유리 가가린처럼 오줌을 싸야 마음이 편해질 거 같아요."

"하, 참~ 고 녀석! 알았다."

코누 박사는 주머니에서 리모컨을 꺼내 빨간색 버튼을 눌렀어요.

초코를 덮고 있던 빛 그물이 사라지면서 초코의 실제 모습이 드러났어요.

"자 얼른 다녀오너라!"

초코는 출랑출랑 공원으로 뛰어갔어요.

그리고 사과나무 밑에다 볼일을 보고는 부르르 몸을 떨었어요.

그때 사과 한 알이 초코 머리 위로 쿵 떨어졌어요.

'야, 넌 지구에 오줌 싸러 왔냐?'

사과나무가 놀리는 것 같아서 초코는 얼굴이 빨개졌어요.

나는야 생쥐 조종사

코누 박사는 타임머신을 점검하고 있었어요.
운전석의 안전장치와 센서, 초광속 엔진과 시간 이동 변환기를 작동해 보았어요.

"초코야, 어서 타거라. 이러다 늦겠다."

"네. 박사님!"

"이번엔 네가 운전석에 앉으렴. 네 생각대로 타임머신을 한번 조종해봐."

"와, 진짜요?"

"돌아갈 목적지만 정확하게 생각하면 되니까 어렵지 않을게다."

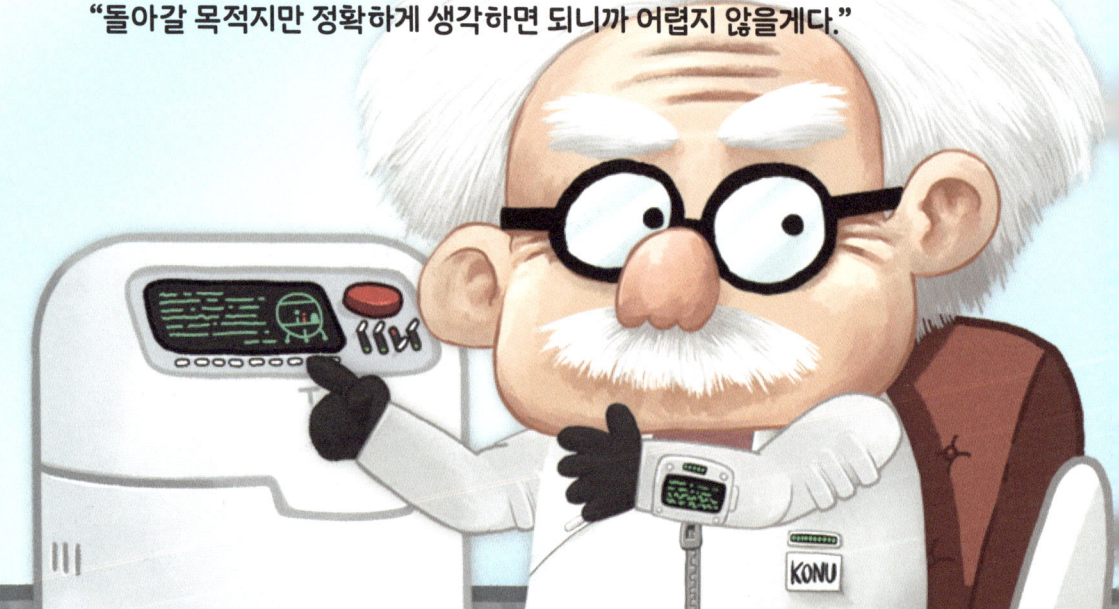

'이게 꿈이야 생시야. 띵까띵까 놀기만 했는데 이런 일이 생기다니.'

초코는 콧노래가 저절로 나왔어요.

나는야~ 최연소 타임머신 조종사~

우주에 하나뿐인 생쥐 조종사

나는야~ 못하는 게 없는 천재 조종사~

우주 제일가는 생쥐 조종사

나는야~ 깜깜한 밤에도 빛나는 별~

오늘은 내 노래를 들어줘~

초코가 운전석에 앉자 둥근 헬멧 모양의 투명 유리가 머리 전체를 감쌌어요.

초코의 좌석 양쪽에서 긴 호스들이 나와 몸을 감았어요.

막상 타임머신을 조종하려니 손이 덜덜 떨렸어요.

그때 불꽃이 번쩍 일었어요. 박사님은 깜짝 놀라 초코를 쳐다봤어요.

"공기 순환 버튼이 살짝 눌렸나 봐요."

"초코야, 긴장하지 말고 마음을 차분하게 가라앉히렴."

"네, 박사님. 떨지 않을게요."

"마음이 불안하면 정신을 집중하기 어렵단다. 숨을 크게 내뱉었다가 들이쉬어."

초코는 박사님을 따라 숨을 들이쉬었다 내쉬기를 반복했어요.

마음이 조금 진정되는 것 같았어요.

"초코야, 이제 우리가 돌아갈 라온제나만 떠올려."

2222년으로 돌아가는 길

초코는 마음을 가다듬고 2222년의 대한민국 우주기지 라온제나를 떠올렸어요.

라온제나의 시간여행관과 박사님 연구실을 떠올리다가

퍼뜩 맛있는 해바라기 씨앗이 떠올랐어요.

'아 참, 해바라기 씨! 지구에 오면 꼭 챙겨가고 싶었던 내 특별 간식!

아 그걸 깜빡 잊다니. 천재 생쥐답지 못해. 아 아깝다~'

초코의 머릿속은 온통 고소한 해바라기 씨로 가득 찼어요.

그때 초코의 뇌와 연결된 센서들이 초코의 뇌파를 감지하더니 작동을 시작했어요.

타임머신은 빠른 속도로 돌면서 공중으로 붕 떠올랐어요.

발아래로 지구가 한눈에 들어왔어요.

"저 멋진 풍경을 엄마한테 영상으로 보내줘야겠어요."

곱게 꽃물이 든 산과 들과 강, 산맥을 따라 땅이 흔들흔들 춤을 추고

푸른빛으로 출렁이는 바다는 두 팔을 벌려 지구를 꼭 감싸 안고 있는 듯이 보였어요.

초코는 타임머신 화면 가득 펼쳐진 풍경을 찍어 엄마한테 전송했어요.

다음엔 엄마랑 같이 와야겠다고 생각했어요.

박사님은 조금 불안한 눈빛으로 초코를 쳐다봤어요.

"초코야, 타임머신 조종관을 잘 살피거라."

"걱정하지 마세요. 박사님! 잘 날고 있잖아요."

타임머신 T-23은 점점 높이 올라갔어요.

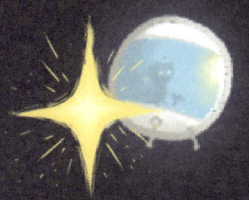

까마득히 올라가 지구가 코스모스 꽃씨보다 작게 보일 때쯤이었어요,

갑자기 엔진에서 '치치직 치직 치직' 하더니

계기판의 바늘들이 제멋대로 움직이기 시작했어요.

파란색, 노란색, 빨간색, 초록색 센서 등들이 마구 번쩍거리더니

타임머신이 파도치는 것처럼 휘청거렸어요.

당황한 초코는 머릿속이 하얘지는 것 같았어요.

타임머신은 예상 경로를 벗어나 빠르게 우주 저편으로 날아갔어요.

목성과 토성 사이로 가야 하는데 반대 방향으로 날아갔어요.

어둠 사이로 유성우가 내리고 거대한 돌덩어리들이 떠다녔어요.

"박사님, 타임머신이 이상해요?"

"초코야, 아무래도 타임머신 센서가

도착 장소와 시간을 엉뚱하게 받아들인 것 같구나."

"아니에요. 그럴 리가 없어요!"

"너 혹시 라온제나 말고 딴생각했니?"

"아주 아주 잠깐 해바라기 씨를 생각했지만 금방 라온제나로 고쳐 생각했어요."

"아무래도 타임머신이 해바라기 별로 인식한 것 같구나."

코누 박사가 걱정스럽게 말했어요.

"초코야, 정신을 가다듬고 다시 한번 해 봐."

초코는 다시 정신을 차리고 마음을 다잡아 도착 시간과 장소를 생각했어요.

'타임머신아, 제발 내 말 좀 들어다오.'
'2222년 라온제나! 대한민국 우주기지 라온제나!'

자세히 알아보기 :
한눈에 보는 누리호(KSLV-II)

나로우주센터

2009년 6월 전남 고흥군 외나로도에 건설된 우리나라 첫 우주발사체 발사기지입니다. 인공위성을 우주 공간으로 쏘아 올리는 발사체는 발사할 우주기지가 필요해요.

우주발사체가 발사되는 발사장에는 초속 60미터 강풍에도 흔들리지 않는 발사대가 있고, 발사체를 추적하여 실시간 위치정보를 알려주는 추적레이더동도 있어요. 발사체가 순조롭게 발사될 수 있도록 기상과 관련된 데이터를 분석하는 기상관측소도 있어요.

나로우주센터가 세워지면서 우리나라는 세계에서 열세 번째 우주기지를 가진 국가가 되었어요. 우주 선진국으로 나갈 수 있는 능력을 갖추게 된 것이지요.

누리호 발사 운용 체계

나로우주센터에는 발사지휘센터, 발사관제센터, 비행안전통제센터, 발사안전통제실을 두어 발사체의 발사 상황을 지켜보며 지휘하고 통제해요. 발사지휘센터(MDC)는 누리호 발사를 총괄 지휘하는 곳이에요. 기상 상황과 정보들을 보고 받아 종합적으로 판단하며 발사관리위원회를 통해 최종 발사 여부를 결정해요. 발사관제센터(LCC)는 발사대에 위치한 중앙공용시설을 통제하면서 추진제, 가스 등의 제어와 감시 역할을 수행하며 발사 명령을 기다리는 곳이에요. 비행안전통제센터(FSC)는 누리호의 발사부터 임무를 끝마칠 때까지 안전한 비행과 관련된 업무를 처리하고, 발사안전통제실은 발사장, 해상, 공중의 안전을 감시하고 제어해요.

비행통신 및 추적관제

누리호를 추적하기 위한 추적레이더가 나로우주센터, 제주도, 팔라우에 설치되어 있어요. 나로우주센터에는 최대 3,000킬로미터까지 발사체를 추적 실시간 위치 정보를 확보할 수 있는 추적레이더와 최대 2,000킬로미터까지 발사체의 비행궤적 동작상태 등을 확인할 수 있는 텔레메트리(원격자료수신장비)를 갖추고 있어요.

팔라우 추적소

제주 추적소는 발사체 추적 및 원격자료를 수신하여 실시간 처리하는 곳으로 1단 분리, 페어링 분리, 2단 분리 등에 대한 추적과 원격자료를 수신해요. 팔라우 추적소는 누리호 및 탑재체에 대한 실시간 비행 위치와 비행 상태를 추적해서 확인해요. 비행 후반부의 추적 즉 3단 엔진 종료 및 위성모사체 분리에 대한 자료를 수신해요.

제주 추적소

우주발사체

탑재물을 싣고 지구에서 출발해서 정해진 우주 공간까지 물건을 옮기는 데 사용되는 발사체예요. 우주발사체는 인공위성, 우주선, 우주정거장, 궤도 망원경 등을 싣고 우주로 배달하는 일을 해요. 발사체 맨 앞부분에 탑재물을 실어요.

누리호도 맨 앞부분인 3단에 인공위성을 싣고 우주로 날아가서 궤도에 진입하면 원뿔 모양의 보호덮개를 열고 인공위성을 내려놓아요. 우주발사체가 없는 나라는 엄청난 비용을 주고 다른 나라의 발사체를 사용해야 해요. 가장 먼저 우주발사체 개발에 성공한 나라는 러시아와 미국이에요. 이후 프랑스, 일본, 중국, 영국이 성공했어요.

발사대

나로우주센터에는 발사대가 두 개 있어요.
제1 발사대에서는 2013년 러시아의 도움을 받아 나로호 발사에 성공했어요.
제2 발사대는 100퍼센트 순수한 우리 기술로 만들었어요.
제2 발사대는 제1 발사대보다 크고 높아요. 발사체를 세우고 냉각수나 추진제를 공급할 수 있도록 만들었어요. 제1 발사대는 1단만 운용해서 타워가 없지만 제2 발사대는 누리호가 3단형이어서 12층 높이의 엄빌리칼(umbilical) 타워가 있어요.

누리호 공급선

누리호를 세로로 세워서 발사대에 고정한 후 연료, 추진제, 전기 등을 충전하기 위한 공급선을 연결해요. 이 공급선은 누리호가 날아오르기 시작하면 떨어져 나가요. 그래서 엄빌리칼(umbilical) 즉 탯줄이라고 부르기도 해요. 누리호 엔진이 가동하면 초당 액체연료가 100리터, 액체산소가 150리터가 들어가요. 연소가스 온도가 순식간에 2,000도로 높아져 시설물을 녹일 수 있기 때문에 초당 1,400리터의 물을 쏟아 부어 온도를 400도까지 낮춰요. 이때 매연과 수증기가 구름처럼 발생해요.

누리호 구성

누리호는 3단으로 결합하여 1.5톤급 실용위성을 지구 상공 600~800킬로미터 궤도에 쏘아 올릴 수 있어요. 누리호의 1단에는 발사체의 맨 아랫부분으로 발사체를 발사할 때 가장 먼저 점화되는데 75톤급 액체 엔진 4개가 들어가요.
4개지만 1개처럼 작동되어 300톤을 밀어낼 힘을 내요.

2단에는 75톤급 액체 엔진 1개가 들어가고, 3단에는 7톤급 액체 엔진 1개가 들어가요. 1, 2, 3단에 제각각 필요한 엔진과 연료 탱크, 산화제 탱크 등을 장착하고 있어요.

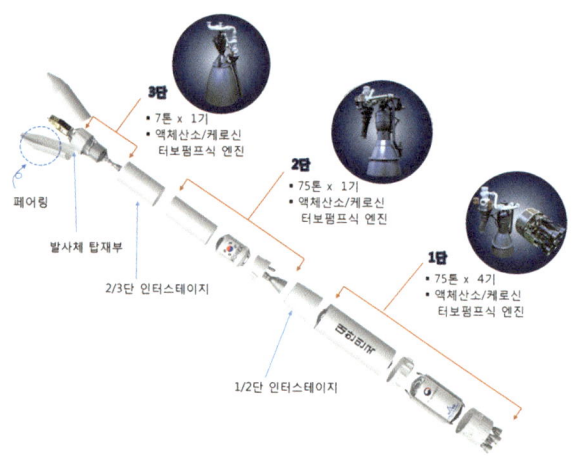

누리호 연료

고체와 액체가 섞인 연료를 사용했던 나로호와 달리 누리호는 액체 연료를 사용해요. 액체 발사체는 만들기가 어렵고 시간도 오래 걸려요. 발사체를 정밀하게 움직일 수 있고 원하는 곳에 정확히 보낼 수 있는 장점이 있어요. 액체 연료는 발사 직전에 연료를 주입해줘야 하지만 고체 연료는 연료를 보관한 채 오랫동안 대기할 수 있어요. 고체 발사체는 구조가 단순하고 무게가 가벼워 언제, 어디서든 쉽게 발사할 수 있지만 액체 발사체보다 정밀하지 않아요.

클러스터링(Clustering)

1단의 75톤 엔진 4기를 묶어 300톤의 추력을 내는 중요한 기술이에요. 결합하는 엔진 수가 많아질수록 제어하기가 어렵지만, 발사체가 강력한 추력을 얻기 위해서는 꼭 필요해요. 엔진 4기가 동시에 점화되어 화염을 내뿜을 때 4개의 엔진이 하나의 엔진처럼 똑같은 추력을 내야만 발사체가 정상적으로 비행할 수 있어요. 그러려면 4기의 엔진에 똑같은 조건으로 연료와 산화제가 공급되어야 하고 똑같은 온도와 압력과 유량을 계속 유지해야만 해요. 대단히 어려운 기술인데 누리호는 이 클러스터링 방식으로 발사되어요.

누리호 추진제 탱크

누리호의 대부분은 연료와 산화제를 싣는 추진제 탱크가 차지해요. 전체 부피의 70~80퍼센트예요. 상온(20°C)의 액체연료인 등유 케로신과 극저온(-183°C)의 산화제인 액체산소 모두 액체이기 때문에 탱크 안에서 출렁출렁 움직여 발사체에 안 좋은 영향을 줄 수 있어요. 또한 극저온의 액체산소는 기화 속도도 무척 빠르기 때문에 이를 주입하고 저장하는 탱크의 성능이 대단히 중요해요.

탱크는 높이 10미터, 지름 3.5미터로 전체 부품 중에서 가장 크지만, 두께는 2밀리미터에 불과해요. 이렇게 만드는 이유는 발사체의 무게를 최대로 줄이기 위해서예요. 얇고 가벼우면서 대기압의 6배 정도인 내부압력과 우주비행 중 외부에서 가해지는 힘을 견딜 만큼 강해야 하므로 탱크의 내벽은 격자구조 형태로 제작해요.

누리호 부품 수

자동차에는 2만 개(전기차는 7,000개), 비행기에는 10만 개, 우주발사체에는 30만 개 이상의 부품이 사용되는데 누리호에는 37만 개의 부품이 들어가요. 이렇게 많은 부품이 사용되는 까닭은 엄청난 고온(3,500°C)의 불꽃을 쏟아내며 지구 중력을 거슬러 올라가야 하고 극저온(-270°C)인 진공 상태의 우주에서도 정교하게 잘 작동해야 하기 때문이에요.

누리호가 싣고 간 인공위성이 하는 일

누리호가 싣고 간 것은 4기의 큐브위성(꼬마위성)이 들어 있는 성능검증위성과 위성모사체예요. 큐브위성들은 지구 관측, 지구대기 관측, 미세먼지 모니터링 등의 임무를 수행해요. 위성모사체는 실제 위성이 아닌 1.3톤 무게의 모형이에요. 인공위성이 하는 일은 다양해요.

- 기상위성: 날씨를 예측할 수 있어요.
- 군사위성: 군대에서 통신이나 감시하는 데 이용해요.
- 통신위성: 선박, 비행기, 개인의 위치 정보를 정확하게 알려줘요.
- 과학위성: 지구와 지구 주변을 관측하고 우주과학 실험을 해요.

누리호는 왜 하얀색일까?

누리호가 하얀색인 이유는 두 가지예요. 하나는 정전기 방지를 위해 칠하는 페인트가 하얀 색이기 때문이에요. 또 하나는 누리호가 산화제로 쓰는 액체 산소가 온도에 민감하기 때문에 햇빛으로부터 발사체를 보호하기 위해 하얀색을 사용해요.

문해력 넓히기 :
나는 똑똑한 퀴즈 박사

1. 코누 박사님이 머무는 2222년 우주기지 이름은 무엇인가요?

2. 코누 박사님이 초코와 2022년으로 시간여행을 한 까닭은 무엇인가요?

3. 코누 박사님이 만든 타임머신 T-23에 새로 추가하고 싶은 기능은 무엇인가요?

4. 우주인 훈련관에서 코누 박사님과 초코가 한 훈련은 무엇이었나요?
   여러분이 우주인을 훈련하는 교관이 된다면 어떤 훈련을 시키고 싶나요?

5. 누리호는 어떤 연료를 사용할까요?

6. 클러스터링(Clustering)에 대해 아는대로 말하여 보세요.

7. 누리호는 어느 위치에 인공위성을 싣고 날아갈까요?

8. 여러분은 불꽃을 뿜으며 우주로 날아가는 누리호를 보면서 어떤 생각이 들었나요?

9. 우리나라가 미래에 우주 최강국이 될 수 있었던 까닭은 무엇인가요?

10. 여러분이 우주에 간다면 어느 별에 가보고 싶나요?
    거기서 외계인을 만난다면 어떤 말을 하고 싶나요?

우주로 날아라, 누리호!

초판 1쇄 발행일 2022년 6월 24일
2쇄 발행일 2022년 7월 5일

글 김현서 함기석
그림 김우현
펴낸이 김요일
펴낸곳 아이들판
주소 서울시 마포구 신수로 59-1(04087)
대표전화 02-702-1800 | 팩시밀리 02-702-0084
이메일 mail@msp21.co.kr | 홈페이지 www.msp21.co.kr
출판등록 제10-2556호(2003. 1. 22)

값 12,500원

ISBN 978-89-5734-030-1 73400
ⓒ 아이들판, 2022